Lejos de mi país

Pascale Francotte

laGalera

Esta mañana papá se ha ido muy lejos, a otro país.
Cuando he visto el avión en el cielo he llorado mucho.
Mamá, mi hermana pequeña y yo
hemos tenido que quedarnos aquí, solas.
¿Cuándo volveremos a ver a papá?

Iremos a vivir con mi tía.
Me gusta, porque su casa es pequeña
y siempre está llena de gente.
En el barrio hay muchos niños y niñas
con quienes puedo jugar.

Ya hace unos días que la policía nos prohíbe
salir a la calle cuando se hace de noche.
A los mayores también.
Lo llaman toque de queda.

Esta noche se ha oído fuera un gran estruendo,
y había tanta luz como si fuese pleno día.
He llorado.
Papá, ¿por qué nos has dejado solas?

Hoy ya no hemos podido salir
en todo el día.
Ha sido imposible.
Me lo he pasado muy bien
inventando juegos dentro de casa
con mi hermana pequeña.

Pero mamá se ha enfadado con nosotras.
¡No es justo!

Por fin hemos podido salir a la calle.
Estaba todo lleno de casas quemadas y destruidas.
Nos hemos enterado de que algunos amigos de papá y mamá han desaparecido.
Dicen que estamos en guerra.

Esta mañana papá nos ha llamado y he podido oír su voz.
No sabía qué decirle:
no es lo mismo hablar con él que abrazarlo.

Ya hace unas cuantas semanas
que la escuela está cerrada.
Mi tía me pone deberes en casa.
La verdad, no es muy divertido.
De vez en cuando nos llega de fuera el ruido ensordecedor
de disparos y bombas.
Entonces nadie puede salir de casa,
los mayores tampoco, ni para ir a buscar comida.
¡Hay días que pasamos hambre!

Las carreteras están cortadas.
Ya no se puede entrar ni salir de la ciudad.
No hemos podido ir a la boda de mi tío.
Esta noche nos hemos quedado sin teléfono
por culpa de la guerra.
Todo el mundo tiene miedo.

Esta mañana todo parece más tranquilo.
La gente ha salido a la calle.
Mamá ha podido ir a Correos.
Nuestro buzón estaba lleno de cartas de papá.
Desde el otro lado del mundo
nos prometía que nos sacaría de este infierno.
¿Adónde iremos?

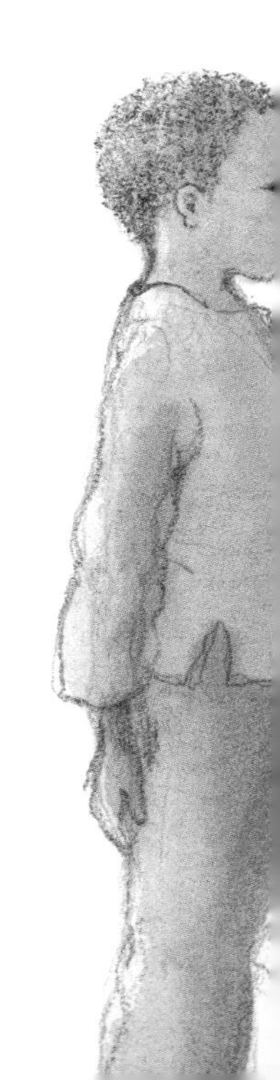

Han pasado muchos meses desde que papá nos hizo su promesa.
El teléfono ya vuelve a funcionar.
Papá siempre está pidiendo papeles a mamá.

Ella corre de una oficina a otra cuando levantan el toque de queda.
¡Hace falta un montón de papeles para poder irnos de aquí!
A veces pienso que papá nos hizo esa promesa
sólo para que tuviésemos un poco más de paciencia.

Y un día, de repente,
¡he visto sobre la mesa los pasaportes y los billetes de avión!
¡Por fin nos vamos! Ya podemos empaquetar nuestras cosas.
Y mañana, si la tempestad de la guerra nos deja salir de casa,
iremos al mismo sitio donde está papá.
Justo lo que nos había prometido.
Mamá ya ha empezado a despedirse.
Está muy triste.

Ya estamos en el avión.
Mis amigos, mi familia y mi tierra roja
van haciéndose minúsculos.
De repente he entendido lo que quiere decir la palabra «exilio».
Y me he echado a llorar en silencio.